CARLOS MESTERS
FRANCISCO OROFINO

FORMAÇÃO E ESPIRITUALIDADE DO MINISTRO DA PALAVRA

EDITORA
SANTUÁRIO

Coordenação editorial:
Ana Lúcia de Castro Leite

Revisão:
Sofia Machado

Diagramação e capa:
Mauricio Pereira

Dados Internacionais de Catalogação na Publicação (CIP) de acordo com ISBD

M586f Mesters, Carlos

Formação e espiritualidade do ministro da palavra / Carlos Mesters, Francisco Orofino. - Aparecida : Editora Santuário, 2021.
104 p. ; 11cm x 15cm.

Inclui índice.
ISBN: 978-65-5527-134-8

1. Religião. 2. Cristianismo. 3. Formação. 4. Espiritualidade. 5. Ministro da palavra. I. Orofino, Francisco. II. Título.

2021-3305 CDD 240
CDU 24

Elaborado por Vagner Rodolfo da Silva - CRB-8/9410

Índice para catálogo sistemático:
1. Religião : Cristianismo 240
2. Religião : Cristianismo 24

3ª impressão

Rua Pe. Claro Monteiro, 342 – 12570-045 – Aparecida-SP
Tel.: 12 3104-2000 – Televendas: 0800 - 016 00 04
www.editorasantuario.com.br
vendas@editorasantuario.com.br

SUMÁRIO

Entrando no assunto

Os Ministros da Palavra têm uma função mediadora. Eles são representantes da Palavra de Deus junto ao povo, e do povo junto a Deus. Em todo canto, sempre aparecem pessoas que se sentem chamadas para exercer essa missão mediadora entre Deus e nós, seres humanos. Elas procuram responder ao desejo profundo de Deus que existe escondido no coração humano. Querem fazer algo para que em todos possa acordar a saudade de Deus, de que falava Santo Agostinho: *"Tu nos fizeste para Ti, e nosso coração estará irrequieto até que não descanse em Ti"* (Confissões 1,1).

Nessa missão como ministros e ministras da Palavra temos Jesus como guia e modelo, pois, como diz o evangelho de João, foi em Jesus que *"a Palavra se fez carne e habitou entre nós"* (Jo 1,14). Jesus é a Palavra viva de Deus. Sua vida e seu testemunho mostram como e o que devemos fazer para ser um bom ministro, uma boa ministra, da Palavra.

Para o apóstolo João ser *Ministro da Palavra* era testemunhar para os outros o que ele, João, durante aqueles três anos de convivência com Jesus, pôde ouvir, contemplar e apalpar "da Palavra que é a Vida" (1Jo 1,1-4). O ministro irradia para os outros algo da experiência que ele mesmo tem de Jesus. Só pode trabalhar com a Palavra quem se deixa trabalhar pela Palavra, que é o próprio Deus.

Por isso, neste pequeno livro, vamos ver de perto como Jesus foi Ministro da Palavra: como ele se formou, como deixou a Palavra de Deus tomar conta de sua vida, como cresceu, como chamou outras pessoas para serem ministros ou ministras da palavra, como as formava e como as enviou em missão, e o que ele pede dos ministros, que foram enviados em missão.

1

Como Jesus aprendeu a ser Ministro da Palavra

Se a gente pudesse perguntar a Jesus: "Jesus, quem o ajudou a ser ministro da Palavra?" O que será que ele responderia? Não o sabemos, mas temos algumas informações que permitem dizer que ele daria esta resposta: "Quem me ajudou a ser ministro da palavra foram Maria, minha mãe, e Ana, minha avó". Pois foi assim que a avó Lóide e a mãe Eunice ajudaram Timóteo a ser ministro da palavra (2Tm 1,5).

E se a gente perguntasse: "Jesus, o que você mais lembra daquilo que sua mãe fazia quando ela o ajudava a ser ministro da Palavra?" O que ele responderia? Acho que ele daria a mesma resposta que ele deu para aquela senhora que elogiou Maria, a mãe de Jesus:

> "Uma mulher levantou a voz, no meio da multidão, e disse a Jesus: "Feliz o ventre que te carregou, e os seios que te amamentaram". Jesus respondeu: "Mais felizes são aqueles que ouvem a Palavra de Deus e a põem em prática" (Lc 11,27-28).

O que Jesus mais lembrava de sua mãe era a felicidade dela em poder ouvir e praticar a Palavra de Deus: *"**Mais Feliz** quem ouve a Palavra de Deus e a coloca em prática!"* Uma mãe disse outro dia: "Ser ministra da palavra é a minha maior felicidade!" E uma criança disse: "Minha catequista não me falou sobre Deus, mas ela ficou meia hora comigo quando eu estava triste. Foi tão bom. Foi Deus comigo!" E a gente pergunta: Como Maria ajudava Jesus a "crescer em tamanho, em sabedoria e em graça diante de Deus e dos homens", a ponto de ele se tornar o ministro da palavra que, até hoje, ajuda a todos nós? (Lc 2,52). Vamos ver de perto como era a vida de Jesus, juntamente com sua mãe, naqueles trinta anos, lá em Nazaré:

1. Em CASA: na família, todos os dias

Na segunda carta a Timóteo transparecem os costumes familiares daquele tempo. Paulo escreve para Timóteo: *"Lembro-me da fé sincera que há em você, a mesma que havia antes em sua avó Lóide, depois em sua mãe Eunice e que, agora, estou convencido, também há em você"* (2Tm 1,5). E ainda: *"Desde a infância você conhece as Sagradas Escrituras; elas têm o poder de comunicar a sabedoria que conduz à salvação pela fé em Jesus Cristo"* (2Tm 3,15).

A transmissão da fé consistia na leitura e na ruminação constante da Palavra de Deus em família. Essa meditação da Palavra transparece no Cântico de Maria, todo recheado de citações de salmos e de evocações bíblicas (Lc 1,46-55). Parece até uma colcha de retalhos. Sinal de que Maria conhecia a Bíblia e que ela rezava os salmos, a ponto de conhecê-los de memória[1]. Naquele tempo, o povo rezava muito. Todos os dias, de manhã,

[1] A Bíblia de Jerusalém registra 19 evocações ou citações da bíblia no Magnificat, o Cântico de Maria. Os Salmos são evocados 5 vezes: Sl 89,11; 98,3; 103,17; 107,9; 111,9; e o cântico de Ana 1Sm 21,1-10.

à tarde e à noite. De tanto rezar desde criança, eles aprendiam os salmos de memória. A mãe ou a avó os ensinavam em casa, em família (cf. 2Tm 1,5; 3,15).

Para Jesus, a vida em família nem sempre foi fácil. Ele teve problemas. Depois que ele começou sua vida de missionário itinerante, os parentes chegaram a pensar que ele tivesse enlouquecido (Mc 3,21). Queriam que ele voltasse para casa (Mc 3,20-21). E quando Jesus chegou a ter certa fama, queriam que ele aparecesse mais em público (Jo 7,3-4). Nos dois casos, Jesus teve de discordar deles (Jo 7,5-6; Mc 3,31-35).

2. Na SINAGOGA em comunidade, uma vez por semana

Todo sábado Jesus participava da celebração da Palavra na sinagoga. Era o costume dele (Lc 4,16). Naquele tempo era muito raro alguém ter Bíblia em casa. Só havia Bíblia na sinagoga. O conhecimento da Bíblia vinha das reuniões semanais na sinagoga, onde se faziam duas leituras: da Lei e dos profetas (At 13,15). Em Nazaré, naquele sábado, Jesus fez a leitura do profeta Isaías (Lc 4,18,19; Is 61,1-2).

Nos sábados, a Bíblia era lida em comunidade, mas era ruminada em casa. Depois da celebração da Palavra na sinagoga, as famílias se reuniam em casa para juntos partilharem o que tinham ouvido na sinagoga. Jesus conhecia bem a Bíblia. Se você for juntar todas as vezes que ele usa ou cita a Bíblia, vai perceber que ele conhecia a Bíblia de cor e salteado. Aprendeu durante aqueles 30 anos em Nazaré, participando das reuniões e celebrações da comunidade[2].

3. No TEMPLO no meio do povo, nas romarias de cada ano

O ano litúrgico, marcado pelas festas de Páscoa, Pentecostes e Tendas, mantinha no povo a memória das grandes etapas da história, narradas na Bíblia. Mantinha viva nas pessoas a consciência de serem membros do povo de Deus. Aqui se

[2] Rabi Aquiba (Séc II), um mestre da lei do começo do século II, definiu o resultado das reuniões semanais com esta frase: "O mundo repousa sobre três colunas: a Lei, o Culto e o Amor". A Lei é a Bíblia, o Culto é a reza dos salmos, o Amor é a vontade de ajudar o próximo.

situam as romarias (Ex 23,14-17), nas quais Jesus participava desde doze anos de idade, e que o empolgavam tanto, a ponto de permanecer em Jerusalém no meio dos doutores para aprender mais sobre as coisas de Deus, narradas na Escritura (Lc 2,41-50).

Também nós devemos dar atenção a estas mesmas três dimensões da transmissão da fé: *casa*, família, todos os dias; *comunidade*, encontros, todas as semanas; *povo*, matriz ou templo, o ano inteiro. Como ministros e ministras da palavra, estamos mais no ambiente da *comunidade*. Mas deve estar presente em nós a preocupação em manter a ligação, tanto com o ambiente da casa e da família, como com o ambiente mais abrangente das comunidades da paróquia e da diocese.

4. No CONTEXTO mais amplo da escola, do trabalho, da cidade, da região – A Escola, a *Casa da Letra*

No tempo de Jesus, em quase todos os povoados, junto da sinagoga local, havia o que eles chamavam a *Casa da Letra*. Era lá que os meninos

– só os meninos – aprendiam a ler e escrever. Os que deviam fazer a leitura na celebração do sábado passavam a tarde da sexta-feira na sinagoga para preparar bem a leitura a ser feita no sábado. Pois, assim diziam os rabinos: "Se a Lei de Deus é perfeita, perfeita também deve ser sua leitura". Durante os anos de sua juventude, Jesus deve ter passado muitas tardes de sexta-feira na sinagoga de Nazaré para preparar a leitura do sábado seguinte.

O Trabalho na roça e na carpintaria

Como todo judeu do interior, Jesus trabalhava na roça, tanto ele como Maria, sua mãe. As parábolas mostram que ele conhecia bem as coisas da roça. Além disso, Jesus era *carpinteiro* (Mc 6,3). Aprendeu a profissão com José, seu pai (Mt 13,55). Naquele tempo, o carpinteiro num lugar pequeno como Nazaré, com poucos habitantes, era o que hoje se chama o "quebra-galho da comunidade". Ele era chamado a toda hora para resolver os problemas do dia a dia do povo do lugar. Carpintaria e Roça! Trabalho duro para sustentar a família e sobreviver. Na Galileia a terra não era ruim. Havendo chuva, ela dava o suficiente para o povo viver. Mas os impostos eram altos e o controle rígido. Havia muitos cobradores de impostos (os publicanos) (Mc 2,14.15). O povo não tinha defesa contra o sistema que o explorava.

A Convivência com o povo em Nazaré

Nessa convivência de trinta anos em Nazaré, Jesus aprendeu as inúmeras coisas que também todos nós aprendemos ao longo dos anos da vida, como que naturalmente, em casa com a família e com o povo: as tradições, os costumes, os provérbios, as festas, os cânticos, os tabus, as histórias, os medos, os poderes, as doenças, os remédios caseiros. Ao mesmo tempo, Jesus percebia e sofria na carne as consequências do rigor com que os fariseus e os doutores da lei explicavam e impunham a Lei ao povo (cf. Mt 15,1-9; 23,13-26; Mc 7,5-13). Percebia e sofria também o sistema iníquo dos impostos que o império romano cobrava, chegando a tirar mais da metade da renda familiar do povo para os cofres públicos, sem falar do roubo escondido dos próprios cobradores dos impostos, chamados *publicanos*.

Quando Jesus, aos trinta anos de idade, a partir de sua experiência de Deus como Pai, começou a agir e a falar diferente do que sempre se havia sido ensinado, o povo de Nazaré estranhou, não gostou nem acreditou (Mc 6,4-6). E quando, em uma reunião da comunidade, começou a ligar a Bíblia com a vida deles (Lc 4,21), a briga foi tanta que quiseram até matá-lo (Lc 4,23-30). "Santo de casa não faz milagre."

A Galileia dos pagãos

O povo da Galileia, no Norte da Palestina, era mais aberto, mais ecumênico, que o povo da Judeia, no Sul. É que a Galileia estava cercada de cidades pagãs: Damasco, Tiro, Sidônia, Ptolomaida, Cesareia e a região da Decápole (Dez Cidades). Os judeus da Galileia tinham mais contato com os pagãos do que os judeus do Sul. Os do Sul achavam que o povo da Galileia era relaxado e lhe deram o apelido de "Galileia dos pagãos" (Is 8,23; Mt 4,15). A palavra "Galileia" significava "distrito". *Distrito dos Pagãos!*

Esse contato mais frequente com os outros povos teve influência na formação de Jesus. Sem problema nenhum, ele ia para as regiões de Tiro e Sidônia (Mc 7,24.31), da Decápole (Mc 5,1.20; 7,31), de Cesareia de Filipe (Mc 8,27) e de Samaria (Lc 17,11). Andando por esses lugares, ele conversava com o povo pagão (Mc 7,24-29; Jo 4,7-42), o que era proibido para os judeus (cf. At 10,28). Jesus era ecumênico. Ele reconhecia o valor e a fé de pessoas que não eram judias e aprendia com elas: com o oficial romano (Mt 8,10), com a mulher de Tiro e Sidônia (Mt 15,21-28), com a Samaritana (Jo 4,7-26).

2

Como Jesus vivia e praticava a Palavra de Deus

Hoje em dia, para saber se alguém pode ser ministro da palavra na paróquia, observa-se primeiro como ele vive e pratica a Palavra de Deus. Pois se ele mesmo não vive bem a Palavra de Deus, como é que ele pode ser ministro da Palavra? Somos ministros não só quando exercemos nossa missão na missa ou na celebração da palavra na comunidade. Nem só quando o povo nos ouve explicar a Palavra de Deus na igreja. Somos ministros da Palavra sempre: quando exercemos a função de ministro na igreja e também quando descansamos em casa ou andamos na rua. Isso também vale para Jesus.

Muitos gestos narrados nos evangelhos refletem a maneira como Jesus vivia e praticava a Palavra de Deus, não só na sinagoga, quando falava ao povo durante as celebrações, mas também quando ele conversava com o povo na rua ou visitava as pessoas em suas casas; ou quando trabalhava na roça, andava de barco para o outro lado do lago ou descansava em casa com a família. Jesus era a Palavra viva de Deus para todos. Eis alguns gestos de como Jesus observava a lei de Deus, a Palavra de Deus:

1. O reflexo da encarnação da Palavra de Deus na vida de Jesus

* Jesus era *amigo*. Convivia com os discípulos, alegrava-se e sofria com eles. Compartilhava tudo, até mesmo o segredo do Pai (Jo 15,15).

* *Carinhoso,* Jesus provocava respostas fortes de amor: da moça do perfume (Lc 7,37-38); de um grupo de mulheres da Galileia (Lc 8,2-3; Mc 15,40-41); de Pe-

dro (Jo 6,67; 21,15-17); de Tomé (Jo 11,16); da mulher do frasco de perfume caríssimo (Mc 14,3-9) etc.

* *Atencioso,* preocupava-se com a alimentação dos discípulos (Jo 21,9), cuidava do descanso deles e procurava estar a sós com eles para descansar (Mc 6,31).

* *Pacífico,* inspirava paz e reconciliação: "A Paz esteja com vocês!" (Jo 20,19); "Não tenham medo, vocês valem muito mais do que muitos pardais" (Mt 10,26-33); mandava perdoar setenta vezes sete (Mt 18,22); convidava os pobres e os oprimidos: "Venham todos a mim" (Mt 11,28).

* *Compreensivo e comprometido,* aceitava os discípulos do jeito que eles eram, com todos os seus limites, até mesmo a fuga, a negação e a traição, sem romper com eles (Mc 14,27-28), e defendia-os quando eram criticados pelos adversários (Mc 2,18-19).

* *Sábio,* conhecia a fragilidade de seus discípulos, sabia o que se passava no coração deles, por isso insistia na vigilância e na oração (Lc 11,5-13; Mt 6,5-15).

* *Homem de oração,* Jesus rezava muito e despertava vontade de rezar: "Senhor, ensina-nos a rezar!" (Lc 11,1-4; cf. Lc 3,21; 6,12; Jo 11,41-42; Mt 11,25; Jo 17,1-26; Lc 23,46; Mc 15,34).

Em uma palavra, como dizia o papa São Leão Magno, Jesus era humano, muito humano, "tão humano como só Deus pode ser humano".

2. Jesus escutava a voz do Pai no grito do pobre

Certa vez, quando Jesus estava na região de Tiro e Sidônia, terra dos pagãos, uma mulher de outra *raça* e de outra *religião* chegou perto de Jesus e começou a pedir pela filha que estava sendo atormentada por um espírito impuro (Mc 7,25-26). Mas Jesus não atendeu nem respondeu à mulher. Até os discípulos estranharam e pediram para ele mandar a mulher embora, pois ela gritava muito. Jesus respondeu: "*Não fui enviado a não ser para as ovelhas perdidas da casa de Israel*" (Mt 15,24). Ou seja: "Não posso atender. Sinto muito. O Pai não quer!" Mas a mulher continuava gritando. Jesus respondeu: *"Não convém pegar o pão dos filhos e dar para os cachorrinhos"* (Mt 15,26). A mulher respondeu: "Sim, Senhor, é verdade, mas também os cachorrinhos comem as migalhas que caem da mesa dos seus donos". Jesus respondeu: "Ó mulher, grande é a tua fé! Seja feito como queres!" E a filha ficou curada (Mt 15,27-28)

E perguntamos: Jesus desobedeceu ao Pai? Pois ele acabava de dizer que o Pai não queria, e logo depois ele atendeu a mulher. Desobedeceu? Não, ele obedeceu! Ele escutou a voz do Pai no grito da mãe aflita pela filha doente. Obedeceu ao Pai e curou a menina.

Naquele momento Jesus descobriu que sua missão era não só para o povo judeu, mas também para todos os povos. O grito de mulher pagã ajudou Jesus a entender melhor sua missão como Messias. O amor daquela mãe pela filha doente abriu um novo horizonte na vida de Jesus. Era observando as reações e as atitudes das pessoas, que Jesus escutava a voz do Pai.

3. Gestos e atitudes de como Jesus ouvia e encarnava a Palavra de Deus

Eis mais alguns dos muitos casos de Jesus ouvir e praticar a palavra de Deus:

1. *O grito do cego Bartimeu*: "Jesus tem dó de mim!" Todos mandavam Bartimeu ficar calado. O grito os incomodava. Mas ele gritava mais alto. Jesus escutou e mandou chamá-lo e perguntou: "O que você quer?" -"Quero ver". Jesus diz: "Tua fé te curou!" E o cego acabou enxergando (Mc 10,46-52).

2. *A mulher adúltera*: Os doutores da Lei e os fariseus levaram a mulher até Jesus e perguntam: "A Lei manda apedrejá-la. E o senhor o que acha?" Era uma armadilha. Se dissesse: "Aplique a lei", diriam: "Ele mandou matar a mulher". Se dissesse: "Não aplique!" Diriam: "Nem a Lei ele observa!" Jesus se inclinou e começou a escrever no chão. Eles insistem. Jesus se levanta e diz: "Quem for sem pecado pode jogar a primeira pedra. Saíram todos, a começar dos mais velhos. Jesus pergunta para a mulher: "Ninguém te condenou?" "Não, senhor!" "Eu também não te condeno. Vai em paz e não faz mais esse pecado" (Jo 8,3-11).

3. *O choro da moça do perfume*: Jesus estava jantando na casa de um fariseu. Uma moça entrou e começou a beijar os pés de Jesus. Era uma prostituta. Jesus a acolhe, ele não tirou o pé. O fariseu o condena "Se ele fosse um profeta, saberia que tipo de mulher é essa que lhe toca os pés!" Jesus deixou a moça tocar nele, molhar os pés com suas lágrimas e enxugá-los com os cabelos. Jesus disse ao fariseu: "A quem muito ama muito será perdoado" (Lc 7,36-50).

4. *O pranto da mulher encurvada*. Havia dezoito anos ela vivia curvada. Jesus tocou nela: "Mulher, você está livre de sua doença!" E ela ficou boa. Era dia de sábado. O chefe da sinagoga gritou: "Há seis dias para trabalhar. Venham nesses dias para serem curados, mas não em dia de sábado!" A reação de Jesus foi imediata: "Hipócritas! Cada um de vocês solta do curral o boi ou o jumento para dar-lhe de beber, mesmo que seja em dia de sábado! Aqui está uma filha de Abraão que Satanás amarrou durante dezoito anos. Será que não deveria ser libertada dessa prisão em dia de sábado?" E toda a multidão se alegrava com as maravilhas que Jesus fazia" (Lc 13,10-17).

5. *Deixem vir a mim as crianças!* As mães levavam as crianças para Jesus dar a bênção e tocá-las. Os discípulos as afastavam. Jesus ficou zangado: "Deixem as crianças vir a mim. Não as proíbam, porque o Reino de Deus pertence a elas. Eu garanto a vocês: quem não receber como criança o Reino de Deus nunca entrará nele. E Jesus abraçou as crianças e abençoou-as, pondo a mão sobre elas" (Mc 10,14-16).

3

Jesus vivia agarrado ao Pai: "O pai e eu somos um"

1. Jesus vivia agarrado ao Pai

O Evangelho de João, escrito no fim do primeiro século, resume tudo nesta frase: *"A Palavra se fez carne e habitou no meio de nós, e nós contemplamos sua glória!"* (Jo 1,14) Jesus não só falava e praticava a Palavra de Deus, ele era a *Palavra de Deus*. Ele mesmo confirma: "Eu só falo o que o Pai me mostra para eu falar" (Jo 5,19). Realmente, este era o ponto em que Jesus mais insistia. Ele dizia: "Eu não falo por mim mesmo, mas só a partir do Pai" (Jo 5,30). "O Pai e eu somos um" (Jo 10,30). "Quem vê a mim, vê o Pai" (Jo 12,45). "Eu garanto a vocês: o Filho não pode fazer nada por sua própria conta; ele faz apenas o que vê o Pai fazer. O que o Pai faz o Filho também faz" (Jo 5,19). "Eu não posso fazer nada por mim mesmo. Eu julgo conforme o que escuto e meu julgamento é justo, porque não procuro fazer minha vontade, e sim a vontade daquele que me enviou" (Jo 5,39). "Quem me rejeita e não aceita minhas palavras já tem seu juiz: a palavra que eu falei será seu juiz no último dia. Porque eu não falei por mim mesmo. O Pai que me enviou, ele é quem me ordenou o que eu devia dizer e falar. E eu sei que o mandamento dele é a vida eterna. Portanto, o que digo, eu o digo conforme o Pai me disse" (Jo 12,48-50). "Ninguém vem ao Pai senão por mim!" (Jo 6,44).

2. "Sendo rico se fez pobre" (2Cor 8,9)

Paulo escreve aos Coríntios: "Nosso Senhor Jesus Cristo, embora fosse rico, tornou-se pobre por causa de vocês para com sua pobreza enriquecer vocês" (2Cor 8,9). "Jesus tinha a condição divina, mas não se apegou à sua igualdade com Deus. Pelo contrário, esvaziou-se a si mesmo. Assumiu a condição de servo e tornou-se semelhante aos homens" (Fl 2,6-7). Como entender que Jesus se fez pobre?

Jesus não era cidadão romano, não tinha nenhum título, não estudou na capital, nem tirou diploma. Quando foi apresentado no templo, os pais fizeram a oferta dos pobres: duas pombas (Lc 2,24), e não um cordeiro, que era a oferta de pessoas mais ricas (Lv 12,8). Jesus não era sacerdote nem de tribo sacerdotal, não era do grupo dos fariseus, não era escriba nem do grupo dos zelotes; não era publicano, nem essênio, nem saduceu. Jesus era um leigo lá da Galileia, onde a instabilidade social era muito grande. Na comunidade local não era presbítero nem coordenador. Não tinha a proteção de nenhuma classe. Era conhecido como o carpinteiro (Mc 6,3) ou filho do carpinteiro (Mt 13,55), viveu "trinta anos" em Nazaré (Lc 3,23), não casou, porque optou para viver só para o Reino de Deus (Mt 19,10-12). Desde o nascimento, sofreu as consequências do sistema opressor que marginalizava os pobres: ele nasceu fora de casa em Belém, em uma estrebaria, pois *"não havia lugar para eles na casa"* (Lc 2,7).

Se você quiser mesmo conhecer a vida que Jesus, o Filho de Deus, viveu entre nós, olhe a vida de qualquer nazareno daquele tempo, coloque o nome de *Jesus* e você terá a biografia do Filho de Deus entre nós. Realmente, *"sendo rico, ele se fez pobre!"* Mas o que para uns era condenação do destino, para Jesus *tornou-se a manifestação da vontade do Pai*. Jesus nasceu pobre e escolheu ficar do lado dos pobres, querendo ser obediente ao Pai até a morte, e *"morte de Cruz"* (Fl 2,8). Jesus nunca buscou uma saída individual, nunca buscou privilégios para si.

3. Não foi fácil para Jesus ser Palavra viva de Deus

Não foi fácil ficar agarrado ao Pai e ao povo pobre. Jesus foi tentado seguir pelo caminho do messias glorioso, nacionalista, e não pelo caminho do messias servidor e sofredor (Mt 4,1-11; Mc 8,31-33). Eis alguns desses momentos de tentação para seguir por um outro caminho:

> * *Seus pais* se queixaram: "Meu filho, por que você fez isso conosco?", Jesus respondeu: "Por que me procuravam? Não sabiam que devo estar na casa de meu Pai?" (Lc 2,48-49).

* *Os parentes* queriam levá-lo para casa. Diziam: Ele está louco (Mc 3,21). Mas ouviram palavras duras: "Quem é minha mãe? Quem são meus irmãos?" (Mc 3,33).

* *João Batista* mandava perguntar: "És tu ou devemos esperar por um outro?" (Mt 11,3). Jesus mandou João olhar as profecias e confrontá-las com os fatos (Mt 11,4-6; Is 29,18-19; 35,5-6; 61,1).

* O povo queria forçar Jesus a ser o messias-rei (Jo 6,15). Ao percebê-lo, Jesus simplesmente foi embora e se refugiou na montanha, sozinho (Jo 6,15).

* *Pedro* tentou afastar Jesus do caminho da cruz e propôs o caminho do messias glorioso (Mt 16,22). Mas teve de ouvir: "Vai embora, Satanás!" (Mc 8,33).

* *Os apóstolos*, entusiasmados com a popularidade, diziam: "Todos te procuram!" Jesus respondeu: "Vamos para outros lugares! Foi para isso que eu vim!" (Mc 1,38).

* *Os fariseus* avisaram: "Vai embora daqui. Herodes quer te matar!" (Lc 13,31). Jesus

deixou bem claro que ninguém ia impedi-lo de realizar sua missão (Lc 13,32).

* *Pedro* não quer que Jesus lhe lave os pés. Jesus diz: "Se eu não lavar, não terás parte comigo" (Jo 13,8). Bastam os pés! Basta você me aceitar como messias servo e não como messias glorioso!

* No Horto das Oliveiras, o sofrimento leva Jesus a pedir: "Pai, afasta de mim este cálice!" Mas acrescenta: "Não o que eu quero, mas o que tu queres" (Mc 14,36).

* Na hora da prisão, a hora das trevas (Lc 22,53), aparece pela última vez a tentação de seguir pelo caminho do messias guerreiro. Mas Jesus reage: "Guarde a espada em seu lugar!" (Mt 26,52).

Apesar de ter tentado muitas vezes e de muitas maneiras seguir por um outro caminho, Jesus continuava firme no rumo do Pai, até o fim. Ele buscava força na oração. Ele dizia aos discípulos: "Vigiem e rezem, para não caírem na tentação, porque o espírito está pronto, mas a carne é fraca" (Mt 26,41).

4. A Oração na vida de Jesus: ficar agarrado ao Pai

Certa vez, Jesus estava rezando. Um dos discípulos disse: *"Jesus, ensina-nos a rezar, como também João ensinou os discípulos dele"* (Lc 11,1). Como resposta, Jesus ensinou o Pai-nosso. O Pai-nosso é o salmo de Jesus (Mt 6,9-13). Os primeiros cristãos, sobretudo Lucas, conservaram uma imagem de *Jesus orante*, que vivia em contato permanente com o Pai. A oração é a marca da vida de Jesus. Sua vida era uma oração permanente: "Eu a cada momento faço o que o Pai me mostra para fazer!" (Jo 5,19.30). Eis alguns dos momentos em que Jesus aparece rezando:

* Aos doze anos de idade, lá no templo, na Casa do Pai (Lc 2,46-50).

* Na hora de ser batizado e de assumir sua missão, ele reza (Lc 3,21).

* Na hora de iniciar a missão, passa quarenta dias no deserto (Lc 4,1-2).

* Na hora da tentação, ele enfrenta o diabo com textos da Escritura (Lc 4,3-12).

* Na hora de escolher os doze Apóstolos, passa a noite em oração (Lc 6,12).

* Na hora de fazer levantamento da realidade e falar da paixão, ele reza (Lc 9,18).

* Diante da revelação do Evangelho aos pequenos, reza: "Pai eu te agradeço!" (Lc 10,21).

* Na hora de ressuscitar Lázaro, diz: "Pai eu sei que sempre me ouves!" (Jo 11,41-42).

* Tem o costume de participar das celebrações nas sinagogas aos sábados (Lc 4,16).

* Participa das romarias ao templo de Jerusalém nas grandes festas (Jo 5,1).

* Reza antes das refeições e abençoa o pão (Mc 6,41; Lc 9,16; 24,30).

* Procura a solidão do deserto para rezar (Mc 1,35; Lc 9,18).

* Passa noites em oração (Lc 5,16).

* Rezando, desperta vontade de rezar nos apóstolos: "Ensina-nos a rezar" (Lc 11,1).

* Reza antes de um milagre: "Pai, eu sei que tu sempre me ouves" (Jo 11,41-42).

* Reza por Pedro para ele não desfalecer na fé (Lc 22,32).

* A pedido das mães, dá a bênção às crianças (Mc 10,16).

* Na crise sobe o Monte para rezar e é transfigurado enquanto reza (Lc 9,28).

* Celebra a Ceia Pascal com seus discípulos (Lc 22,7-14).

* Na hora da despedida, faz uma longa oração (Jo 17,1-26).

* Ao sair da Ceia indo para o Horto, reza salmos com os discípulos (Mt 26,30).

* Na agonia no Horto, ele reza: "Triste é minha alma" (Mc 14,34; cf. Sl 42,5.6).

* Na angústia da agonia, pede aos três amigos para que rezem com ele (Mt 26,38).

* Na hora de ser pregado na cruz, pede perdão pelos carrascos (Lc 23,34).

* Na cruz, reza o salmo: "Meu Deus! Por que me abandonaste?" (Mc 15,34; Sl 22,2).

* Na hora da morte, outro salmo: "Em tuas mãos entrego meu espírito!" (Lc 23,46; Sl 31,6).

* Sua última oração é um forte grito, e morre (Mc 15,37).

O grito na hora da morte é o grito dos pobres. É o ato de fé no Deus que ouve o grito dos pobres (Ex 2,23-25; 3,7-8). Com essa fé, a raiz da fé do povo de Deus, Jesus entra na morte. E Deus escuta o grito. "No terceiro dia" ressuscita Jesus, conforme a palavra dos profetas (Lc 24,45-47; Mt 16,21).

4

Como Jesus formava os ministros da Palavra

1. Jesus formava seus discípulos envolvendo-os na missão

Jesus não é um professor que tem alunos. Ele é o mestre que tem discípulos e discípulas que convivem com ele. Jesus os formava envolvendo-os na missão que ele mesmo estava realizando em obediência ao Pai (Lc 9,1-2; 10,1). Eis alguns aspectos dessa atitude formadora de Jesus:

* Corrige-os quando erram e querem ser os primeiros (Mc 9,33-35; 10,14-15).

* Sabe aguardar o momento oportuno para corrigi-los (Lc 9,46-48; Mc 10,14-15).

* Interpela-os quando são lentos (Mc 4,13; 8,14-21).

* Prepara-os para o conflito e a perseguição (Jo 16,33; Mt 10,17-25).

* Manda observar e olhar a realidade (Mc 8,27-29; Jo 4,35; Mt 16,1-3).

* Reflete com eles as questões do momento (Lc 13,1-5).

* Confronta-os com as necessidades do povo (Jo 6,5).

* Ensina-os que as necessidades do povo estão acima das prescrições rituais (Mt 12,7.12).

* Tem momentos a sós com eles para poder instruí-los (Mc 4,34; 7,17; 9,30-31; 10,10; 13,3).

* É severo com a hipocrisia (Lc 11,37-53).

* Faz mais perguntas do que dá respostas (Mc 8,17-21).

* Depois de tê-los enviado em missão, na volta faz revisão com eles (Lc 9,1-2;10,1; 10,17-20).

2. O método das parábolas: estar bem por dentro da vida e da Bíblia

Jesus tinha uma capacidade muito grande de contar pequenas histórias para comparar as coisas de Deus com as coisas da vida do povo. A parábola é uma forma participativa de ensinar. Ela muda os olhos da pessoa e a faz ser observadora da realidade. Leva a pessoa a refletir sobre sua própria experiência de vida, e faz com que essa experiência a leve a descobrir que Deus está presente no cotidiano da vida. Por exemplo, o agricultor que escuta a parábola da semente diz: "Semente no terreno, eu sei o que é, mas Jesus diz que isso tem a ver com o Reino de Deus. O que será que ele quis dizer com isso?" E aí você imagina as longas conversas do povo em torno das parábolas que Jesus contava.

Em algumas parábolas, acontecem coisas que não costumam acontecer na vida normal. Onde se viu um pastor de cem ovelhas abandonar noventa e nove no deserto para encontrar aquela única ovelha que se perdeu? (Lc 15,4). Você faria? Onde se viu um pai acolher com festa o filho devasso, sem dar nenhuma palavra de censura? (Lc 15,20-24). Seu pai faria? Onde se viu um samaritano ser melhor que o levita e o sacerdote? (Lc 10,29-37). A parábola provoca para pensar. Ela leva a pessoa a se envolver na história a partir de sua própria experiência de vida. Só poucas vezes Jesus explica as parábolas. Geralmente, ele diz: "Quem tem ouvidos para ouvir ouça!" (Mt 13,9; 11,15; 13,43; Mc 7,16). Ou seja: "É isso! Vocês ouviram! Agora tratem de entender!" De vez em quando, em casa, ele dava explicação aos discípulos (Mc 4,34-34).

3. Conteúdos e recursos em que Jesus mais insistia

Como ministro da palavra, Jesus vai formando seus discípulos. Nesse longo processo de três anos, transparecem os conteúdos e os recursos em que Jesus mais insistia. Eis alguns deles:

* *O testemunho de vida.* O recurso básico de Jesus é o testemunho de sua vida: "Segue-me" (Lc 5,27). "Venham e vejam" (Jo 1,39). "Eu sou o caminho, a verdade e a vida" (Jo 14,16). O discípulo tem na vida do Mestre uma norma (Mt 10,24-25).

Por seu testemunho de vida Jesus reflete para os discípulos e para o povo o rosto de Deus: "Quem me vê, vê o Pai" (Jo 14,9). Jesus vive o que anuncia.

* *A Vida e a natureza.* Jesus descobre e revela a vontade do Pai nos fenômenos da natureza: na chuva que cai sobre bons e maus (Mt 5,45); nos pássaros do céu e nos lírios do campo (Mt 6,26-30). As parábolas provocam nos discípulos a reflexão sobre as coisas mais comuns de sua vida: semente e o jeito de agir dos semeadores (Mt 13,3-9), o joio e o trigo (Mt 24-30), o grão de mostarda (Mt 13,31-32), o fermento (Mt 13,33), o tesouro escondido (Mt 13,44), as pérolas (Mt 13,45-46), a rede jogada ao mar (Mt 13,47-50), a semente que germina só (Mc 4,26-29), os vinhateiros (Mc 12,1-12) etc.

* *As grandes questões do momento e as perguntas do povo.* Por exemplo: o crime de Pilatos contra os romeiros da Galileia e a queda da torre de Siloé que matou 18 operários (Lc 13,1-4); a discussão em torno de quem é o maior (Mc 9,33-36); a fome do povo (Lc 9,13); o ensinamento dos escribas (Mc 12,35-37). Esses problemas funcionavam como gancho para Jesus levar os discípulos

a refletir, a cair em si e a descobrir algum ensinamento ou apelo de Deus.

* *O jeito de ensinar em qualquer lugar.* Onde encontrava gente para escutá-lo, Jesus ensinava a Boa-Nova do Reino: nas *sinagogas* nos sábados (Mc 1, 21; 3,1; 6,2); em *reuniões* informais nas casas (Mc 2,1.15; 7,17; 9,28; 10,10); andando pelo *caminho* (Mc 2,23); na *praia,* sentado num barco (Mc 4,1); no *deserto,* onde o povo o procurava (Mc 1,45; 6,32-34); na *montanha*, de onde proclamou as bem-aventuranças (Mt 5,1); nas *praças*, onde o povo carregava seus doentes (Mc 6,55-56); no *Templo* de Jerusalém, por ocasião das romarias, diariamente, sem medo (Mc 14,49).

* *Memorização na base da repetição.* Não havia livros, nem manuais como hoje. O ensina era baseado na repetição do conteúdo, a fim de favorecer a memorização. Isso ainda transparece em algumas partes dos discursos de Jesus, conservados nos evangelhos. O final do Sermão da Montanha, por exemplo, repete duas vezes, de maneira rítmica, com poucas diferenças, a mesma frase (Mt 7,24-25 e 26-27). A fala de Jesus não é teórica, mas é prática e bem simples, ligada às coisas do dia a dia da vida.

* *Momentos a sós com os discípulos*. Várias vezes, Jesus convida os discípulos para irem com ele a um lugar distante, seja para instruir (Mc 4,34; 7,17; 9,30-31; 10,10; 13,3), seja para descansar (Mc 6,31). Ele chegou a fazer uma viagem ao exterior na terra de Tiro e Sidônia, para poder estar a sós com eles e instruí-los a respeito da Cruz (Mc 8,22-10,52).

* *A Cruz e o sofrimento*. Quando ficou claro que as autoridades decidiram matar Jesus, ele começou a falar da cruz (Lc 9,31) e das profecias do Servo Sofredor do profeta Isaías (Is 42,1-9; 49,1-6; 50,4-9; 52,13-53,12). A menção da Cruz provocou reações fortes nos discípulos (Mc 8,31-33), pois na lei estava escrito que um *crucificado* era um "maldito de Deus" (Dt 21,22-23). Como um maldito de Deus poderia ser o Messias? A partir desse momento crítico, o eixo da formação para os discípulos consistia em ajudá-los a superar o escândalo da Cruz (Mc 8,31-34; 9,31-32; 10,33-34).

* *A Bíblia e a história do povo*. Para instruir seus discípulos e o povo, Jesus se orientava pela Bíblia. Passando os olhos pelos quatro evangelhos, você percebe que, para Jesus, a Bíblia não era um livro

estranho, nem um livro só de estudo ou um manual a ser decorado, mas sim um livro de oração, um espelho onde ele encontrava refletidas sua própria vida e a história de seu povo. Jesus conhecia a Bíblia de cor e salteado. Com a máxima facilidade, ele citava a Bíblia para esclarecer e ensinar, para rezar e consolar, e até para discutir e se defender das críticas que recebia dos doutores da lei.

Chama a atenção o uso frequente dos salmos. Ele os conhecia de memória. Eis alguns exemplos:

* Felizes os mansos, porque herdarão a terra (Mt 5,4; Sl 37,11).

* Felizes os que choram porque serão consolados (Mt 5,5; Sl 126,5).

* Felizes os puros de coração, porque verão a Deus (Mt 5,8; Sl 24,3-4).

* O pai que vê em segredo escutará a prece feita em segredo (Mt 6,4; Sl 139,2-3).

* O abandono à providência divina (Mt 6,25-34; Sl 127).

* A parábola da vinha (Mc 12,1; Sl 80,9-19).

* O salmo do Bom Pastor" (Jo 10,11; Sl 23).

* No Horto, ele desabafa: "Minha alma está triste" (Mc 14,34; Sl 31,9-10; 42,5-6).

* Na cruz, ele reza: "Meu Deus! Meu Deus! Por que me abandonaste?" (Mc 15,34; Sl 22,1)

* Morre, rezando o salmo: "Em tuas mãos entrego meu espírito" (Lc 23,46; Sl 31,6).

5. Atento ao processo de formação dos discípulos

Na formação que dava, Jesus criticava o "fermento dos fariseus" (Mc 8,15; Mt 16,-11; Lc 12,1), isto é, o fermento da ideologia dominante da época. Hoje acontece a mesma coisa. O fermento da ideologia do sistema neoliberal renasce sempre em nós e na vida das comunidades. Como o fermento dos fariseus, o fermento do consumismo tem raízes profundas em nossa vida e exige uma vigilância constante. Jesus ajudava e forçava os discípulos a viverem num processo permanente de vigilância e de revisão.

Eis alguns casos dessa vigilância crítica em relação ao "fermento de Herodes e dos fariseus":

* *Mentalidade de grupo fechado*. Alguém que não era da comunidade usava o nome de Jesus para expulsar os demônios. João viu e proibiu. Ele

disse: "Nós impedimos, porque ele não anda conosco" (Mc 9,38). Jesus respondeu: "Não lhe proíbam, pois ninguém faz um milagre em meu nome e depois pode falar mal de mim. Quem não está contra nós, está a nosso favor" (Mc 9,39-40).

* *Mentalidade do grupo que se considera superior aos outros.* Os samaritanos não queriam dar hospedagem a Jesus. A reação de alguns foi violenta: "Que um fogo do céu acabe com esse povo!" (Lc 9,54). Queriam imitar o profeta Elias (cf. 2Rs 1,10-11). Jesus os repreende: "Vocês não sabem de que espírito estão sendo animados" (Lc 9,55).

* *Mentalidade de competição e de prestígio.* Os discípulos brigavam entre si pelo primeiro lugar (Mc 9,33-34). A mentalidade de competição já se infiltrava na pequena comunidade ao redor de Jesus. Jesus reage: "O primeiro seja o último" (Mc 9,35). É o ponto em que ele mais insistiu e deu o exemplo: "Não vim para ser servido, mas para servir" (Mc 10,45; Mt 20,28; Jo 13,1-16).

* *Mentalidade de quem marginaliza o pequeno.* Mães com crianças querem chegar perto de Jesus. Os discípulos as afastam. Era a mentalidade

do medo de que as mães e as crianças, tocando em Jesus com mãos impuras, causassem nele alguma impureza. Mas Jesus diz: "Deixem vir a mim as crianças!" (Mc 10,14). Ele as acolhe, abraça e abençoa.

* *Mentalidade de quem segue a opinião da ideologia dominante.* Vendo um cego, os discípulos perguntam a Jesus: "Quem pecou, ele ou seus pais, para que nascesse cego?" (Jo 9,2). Era opinião comum achar que sofrimento e doença fossem fruto de algum pecado. Jesus responde: "Nem ele, nem os pais dele, mas para que nele se manifestem as obras de Deus" (cf. Jo 9,3). A resposta de Jesus supõe uma consciência nova e uma leitura diferente da realidade.

Tudo isso mostra que Jesus estava bem atento ao processo de formação dos discípulos. Ele tinha visão crítica da sociedade e do "fermento dos fariseus", que os grandes comunicavam ao povo, e percebia como esse "fermento", disfarçadamente, já se infiltrava na vida dos discípulos.

5

Jesus envia seus discípulos em missão

No tempo de Jesus havia vários outros movimentos que, como Jesus, procuravam uma nova maneira de viver e conviver, por exemplo, João Batista, os fariseus e outros. Muitos deles também formavam comunidades de discípulos (Jo 1,35; Lc 11,1; At 19,3) e tinham seus missionários (Mt 23,15). Jesus também mandou discípulos em missão.

1. A missão dos 72 discípulos: viver e irradiar a vida em comunidade (Lc 10,1-9)

Jesus nunca trabalhou sozinho. A primeira coisa que ele fez quando iniciou sua missão foi chamar discípulos. Primeiro chamou quatro: Simão e André (Mc 1,16-18) e Tiago e João (Mc 1,19-20). Em seguida, chamou doze (Mc 3,13-19). No fim, chamou setenta e dois discípulos, que somos todos nós (Lc 10,1-12).

A missão dos 72 tem como objetivo resgatar os valores comunitários da sabedoria popular, que estavam sendo abafados pelo cativeiro da lei pela ideologia do império romano. Jesus procura renovar as comunidades para que sejam novamente uma expressão da Aliança, uma amostra do Reino de Deus. Por isso ele insiste na hospitalidade, na partilha, na comunhão de mesa, na acolhida aos excluídos. Vejamos:

1. *Missão* (Lc 10,1-3): Jesus envia os discípulos *para os lugares onde ele próprio deve ir*. O discípulo é porta-voz de Jesus, não é dono da Boa-Nova. Ele os envia *dois a dois*. Isso favorece a ajuda mútua, pois a missão não é individual, mas sim comunitária. Duas pessoas representam melhor a comunidade.

2. *Corresponsabilidade* (Lc 10,2-3): A primeira tarefa é *rezar para que Deus envie operários*. Todo discípulo deve sentir-se responsável pela missão. Por

isso deve rezar ao Pai pela continuidade da missão. Jesus *envia seus discípulos como cordeiros no meio de lobos*. A educação que Jesus pede é tarefa difícil e perigosa. Pois o sistema em que eles viviam e ainda vivemos era e continua sendo contrário à reorganização do povo em comunidades vivas.

3. *Hospitalidade* (Lc 10,4-6): Ao contrário dos outros missionários, os discípulos de Jesus não podem levar nada, *nem bolsa, nem sandálias*. Mas devem *levar a paz*. Isso significa que devem confiar na hospitalidade do povo. Pois o discípulo que vai sem nada, levando apenas a paz, mostra que confia no povo. Esse discípulo acredita que vai ser recebido, e o povo se sente respeitado e confirmado. Por meio dessa prática o discípulo critica as leis de exclusão e resgata os antigos valores da convivência comunitária. *Não saudar ninguém pelo caminho* significa que não se deve perder tempo com coisas que não pertencem à missão.

4. *Partilha* (Lc 10,7): Os discípulos *não devem andar de casa em casa*, mas sim permanecer na mesma casa. Isto é, devem conviver de maneira estável, participar da vida e do trabalho do povo e viver do que recebem em troca, *pois o operário merece seu*

salário. Isso significa que devem confiar na partilha. Por meio dessa nova prática eles resgatam uma antiga tradição do povo, criticam a cultura de acumulação, que marcava a política do Império Romano, e anunciam um novo modelo de convivência.

5. *Comunhão de mesa* (Lc 10,8): Os discípulos devem *comer o que o povo lhes oferece*. Não podem viver separados, comendo sua própria comida, como faziam alguns missionários dos fariseus. Isso significa que eles devem aceitar a comunhão de mesa. No contato com o povo não podem ter medo de perder a pureza legal. Agindo assim, criticam as leis da pureza que estavam em vigor e anunciam um novo acesso à pureza, isto é, à intimidade amiga com Deus.

6. *Acolhida aos excluídos* (Lc 10,9a): Os discípulos devem *tratar dos doentes*, curar os leprosos e expulsar os demônios (Mt 10,8). Isso significa que devem acolher para dentro da comunidade os que dela foram excluídos. Essa prática solidária critica a sociedade excludente e aponta saídas concretas.

7. *Anúncio da chegada do Reino* (Lc 10,9b): Caso todas essas exigências forem preenchidas, os discípulos podem e devem gritar aos quatro

ventos: *O Reino chegou!* O Reino não é em primeiro lugar uma doutrina, uma moral, nem um catecismo. O Reino é uma nova maneira de conviver como irmãos e irmãs a partir da Boa Nova que Jesus nos trouxe de que Deus é Pai, Abba, Papai de todos nós.

8. *Sacudir o pó dos sapatos* (Lc 10,10-12): Como entender essa ameaça tão severa? É que Jesus não veio trazer uma coisa totalmente nova. Ele veio resgatar os valores comunitários do passado: a hospitalidade, a partilha, a comunhão de mesa, a acolhida aos excluídos. Isso explica a severidade contra os que recusam a mensagem. Pois eles não recusam algo novo, mas sim renegam seu próprio passado, sua própria cultura e sabedoria! A pedagogia de Jesus tem por objetivo desenterrar a memória, resgatar a sabedoria do povo, reconstruir a comunidade, renovar a Aliança, refazer a vida.

1. *Ir dois a dois, a sua frente:* somos **porta-voz**, embaixadores de Jesus, representamos a comunidade.

2. *Pedir a Deus que mande operários na messe:* a primeira coisa que Jesus pede é **oração** pela missão.

3. *Cordeiro no meio de lobos*: a missão é perigosa; pois o evangelho **subverte** o sistema iníquo do mundo.

4. *Não leveis bolsa, nem sandálias*: suscitar **hospitalidade,** ponto básico da vida em comunidade.

5. *Não parar no caminho para cumprimentar*: manter sempre o **rumo** da missão, e nunca nos desviar.

6. *"A paz esteja nesta casa!"*: ser **pacíficos**, ser uma resposta ao desejo profundo de paz de todos.

7. *Permanecei na casa, comei, bebei do que tiverem:* viver a **partilha,** ponto central da comunidade.

8. *Comei o que servirem:* a **comunhão de mesa:** sinal da igualdade de todos os membros da comunidade.

9. *Curai:* os doentes, os possessos, os pobres: **acolhida** às pessoas excluídas da convivência social.

6

O testemunho de Jesus como Ministro da Palavra

Não era fácil ser ministro da Palavra de Deus. Havia muitas maneiras de usar e interpretar a Bíblia, a Palavra de Deus. Jesus ensinava os discípulos como usar e interpretar corretamente a Palavra de Deus. Por isso teve conflitos com os doutores da Lei, que tinham uma outra interpretação da lei. Vamos ver de perto (1) os conflitos entre Jesus e os doutores em torno do uso da Bíblia, (2) o jeito de Jesus ultrapassar a letra da Bíblia e buscar o sentido do Espírito, (3) o método de Jesus usar e interpretar a Bíblia.

1. Conflitos entre Jesus e os doutores da época em torno do uso da Bíblia

A liberdade de Jesus no uso da Bíblia incomodava os conservadores. Eles criticavam Jesus e se recusavam a crer nele (Mc 2,7.16.18.24; 3,2-4.22; 7,1-8), diziam que Jesus estava acabando com a Lei de Deus (cf. Mt 5,17). Jesus respondia: *"Não vim para acabar com a Lei, mas para levá-la ao pleno cumprimento"* (Mt 5,17). E dizia aos discípulos: *"Se a justiça de vocês não for maior do que a justiça dos escribas e fariseus, vocês não vão poder entrar no Reino de Deus"* (Mt 5,17). Os fariseus baseavam suas acusações em textos da Bíblia. Jesus, por sua vez, também tirava sua resposta da Bíblia.

* Ele lembra como Davi transgredia a Lei para atender à fome dos companheiros (Mc 2,25-26).

* Esclarece o sentido exato da pureza, quebrando assim o literalismo das interpretações dos doutores e dos fariseus (Mc 7,5-8.14-22).

* Corrige a interpretação dos fariseus a respeito da lei do divórcio (Mt 19,3-9)

* Critica a visão errada dos escribas sobre o retorno do profeta Elias (Mc 9,11-13).

* Coloca em dúvida a exatidão do ensino dos conservadores: *"Como é que eles podem dizer que o Messias é filho de Davi se o próprio Davi o chama de Meu Senhor?"* (Mc 12,35-37).

* Esclarece João Batista que ficou na dúvida a respeito de Jesus: "É o senhor ou devemos esperar por outro?" (Mt 11,2-3). Jesus usa textos de Isaías para ajudar o amigo João a ler melhor os fatos da vida: *"Vão e digam a João o que estão vendo e ouvindo: Cegos veem, coxos andam, leprosos são limpos, e feliz quem não se escandalizar comigo!"* (Mt 11,4-6 e Is 35,5-6)

* Critica os doutores que insistiam na observância da letra da Lei e que, por isso mesmo, já não percebiam o objetivo da Lei: *"Ai de vocês, doutores da Lei e fariseus hipócritas! Vocês pagam o dízimo da hortelã, da erva-doce e do cominho, e deixam de lado os ensinamentos mais importantes da Lei, como a justiça, a misericórdia e a fidelidade. Vocês deveriam praticar isso, sem deixar aquilo. Guias cegos! Vocês coam um mosquito, mas engolem um camelo"* (Mt 23,23-24).

* Critica o fundamentalismo que em nome de uma pretensa fidelidade à letra da Bíblia nega o objetivo da lei: *"Vocês são bastante espertos para deixar de lado o mandamento de Deus a fim de guardar as tradições de vocês. Com efeito, Moisés ordenou: 'Honre seu pai e sua mãe'. E ainda: 'Quem amaldiçoa o pai ou a mãe, deve morrer'. Mas vocês ensinam que é lícito a alguém dizer a seu pai e a sua mãe: 'O sustento que vocês poderiam receber de mim é Corbã, isto é, consagrado a Deus'. E essa pessoa fica dispensada de ajudar seu pai ou sua mãe. Assim vocês esvaziam a Palavra de Deus com essa tradição que vocês transmitem. E vocês fazem muitas outras coisas como essas"* (Mc 7,9-13).

* Critica os fariseus que sabiam ler os sinais do sol e da lua, mas não sabiam ler os sinais dos tempos (Mt 16,1-3). Os sinais dos tempos eram os acontecimentos: a queda da torre de Siloé que matou dezoito pessoas (Lc 13,4); os galileus que Pilatos mandou matar (Lc 13,1). Quando o próprio Jesus recebeu a notícia da prisão de João Batista, ele disse: *"Esgotou-se o prazo, o reino de Deus chegou! Mudem de vida e acreditem nesta Boa Notícia"* (Mc 1,14-15). A notícia da prisão de João foi como um

apelo de Deus para Jesus. Foi um sinal dos tempos. Jesus aprendeu a ler os apelos de Deus nos fatos da vida.

2. Jesus ultrapassa a letra da lei e busca o sentido do espírito

Jesus não se fecha na letra da lei, mas esclarece o objetivo da lei, o espírito que deve animar sua observância. No Sermão da Montanha, seis vezes em seguida, ele diz: *"Antigamente foi dito, mas eu digo"* (Mt 5,21-22.27-28.31-32.33-34.38-39.43-44). Por exemplo, a respeito do mandamento: "Não matar", ele diz: *"Vocês ouviram o que foi dito aos antigos: 'Não mate! Quem matar será condenado pelo tribunal'. Eu, porém, lhes digo: todo aquele que fica com raiva de seu irmão, torna-se réu perante o tribunal. Quem diz a seu irmão: 'imbecil', torna-se réu perante o Sinédrio; quem chama o irmão de 'idiota' merece o fogo do inferno"* (Mt 5,21-22). Com outras palavras, só observou plenamente o mandamento *"Não matarás"* aquele que for capaz de eliminar de dentro de si tudo aquilo que de uma ou de outra maneira possa levar ao assassinato, como raiva, xingamento e briga (Mt 5,21-22). Jesus evoca os três tribunais que nos podem acusar: o tribunal local, o tribunal superior (sinédrio) e o tribunal de Deus (inferno).

Jesus fez o mesmo com o mandamento que proíbe o adultério (Mt 5,27-28). A lei dizia: "Não cometa adultério" (Mt 5,27; Ex 20,14). Jesus dizia: "Eu, porém, lhes digo: todo aquele que olha para uma mulher, com o desejo de possuí-la, já cometeu adultério com ela no coração" (Mt 5,28). Se o olho direito leva você a pecar, arranque-o e jogue-o fora! É melhor perder um membro, do que seu corpo todo ser jogado no inferno" (Mt 5,28-29).

A lei da vingança dizia: *"Olho por olho, dente por dente"* (Ex 21,24; Lv 24,20; Dt 19,21). Jesus dizia: *"Eu, porém, digo-lhes : não se vinguem de quem fez o mal a vocês. Pelo contrário: se alguém lhe dá um tapa na face direita, ofereça também a esquerda! Se alguém faz um processo para tomar de você a túnica, deixe também o manto! Se alguém obriga você a andar um quilômetro, caminhe dois quilômetros com ele! Dê a quem lhe pedir, e não vire as costas a quem lhe pedir emprestado"* (Mt 5,39-42).

Fez o mesmo com a lei que dizia: *"Ame seu próximo e odeie seu inimigo"* (Mt 5,43-44) e com a lei que permitia explorar o estrangeiro (cf. Dt 15,31). Jesus dizia: *"Eu, porém, digo-lhes: amem seus inimigos, e rezem por aqueles que perseguem vocês! Assim vocês se tornarão filhos do Pai que está no céu, porque ele faz o sol nascer sobre maus e bons, e a chuva cair sobre justos e injustos"* (Mt 5,44-45).

Fez o mesmo com os costumes e as práticas da esmola (Mt 6,2-4), da oração (Mt 6,5-6) e do jejum (Mt 6,16-18). Por exemplo, a respeito da prática do jejum, ele dizia: *"Quando vocês jejuarem, não fiquem de rosto triste, como os hipócritas. Eles desfiguram o rosto para que os homens vejam que estão jejuando. Eu garanto a vocês: eles já receberam a recompensa. Quando você jejuar, perfume a cabeça e lave o rosto, para que os homens não vejam que você está jejuando, mas somente seu Pai, que vê o escondido; e seu Pai, que vê o escondido, recompensará você"* (Mt 6,16-18).

3. Lucas apresenta o episódio de Emaús como método para usar a Bíblia

Nos anos 80, mais de 50 anos depois da morte e ressurreição de Jesus, Lucas escreve seu evangelho e narra o episódio da conversa de Jesus com os dois discípulos de Emaús para ensinar aos pagãos convertidos das comunidades da Ásia e da Europa como ler e interpretar a Bíblia (Lc 24,13-35). Lucas destaca quatro momentos. Não são momentos cronológicos, um depois do outro, mas são quatro pontos que devem caracterizar a atitude que devemos ter ao ler e interpretar a Bíblia:

1º ponto: *partir da realidade, ter presente a situação do povo* (Lc 24,13-24)

Jesus encontra os dois amigos em uma situação de medo e descrença. As forças de morte, a cruz, tinham matado neles a esperança. É a situação de muita gente hoje. Jesus se aproxima e caminha com eles, escuta a conversa e pergunta: *"O que é que vocês andam conversando pelo caminho?"* A propaganda do governo e da religião oficial da época impedia o povo de enxergar: *"Nós esperávamos que ele fosse o libertador de Israel, mas..."*.

O *primeiro ponto* é este: aproximar-se das pessoas, escutar a realidade, sentir os problemas; ser capaz de fazer perguntas que ajudem a pessoa a olhar a realidade com um olhar mais crítico.

2º ponto: *usar a Bíblia para iluminar a vida e a história do povo* (Lc 24,25-27)

Jesus usa a Bíblia para iluminar o problema que fazia sofrer os dois amigos e para esclarecer a situação que eles estavam vivendo. Por meio da bíblia Jesus situa o problema deles dentro do conjunto do projeto de Deus, desde Moisés e os profetas. Assim, ele mostra que a história não tinha escapado da mão de Deus. Jesus usa a Bíblia não como um doutor que já sabe tudo, mas como o companheiro que ajuda os amigos a lembrar o que eles tinham esquecido. Jesus não provoca complexo de ignorância, mas desperta neles a memória.

O *segundo ponto* é este: com a ajuda da Bíblia, ajudar as pessoas a lembrar o que os profetas ensinaram e transformar a cruz em sinal de vida e de esperança. Desse modo, a cruz que os impedia de caminhar, torna-se força e luz no caminho.

3º ponto: *criar um ambiente fraterno de oração e de partilha* (Lc 24,28-32)

A Bíblia, ela sozinha, não abriu os olhos dos discípulos. Fez arder o coração, isso sim! O que abriu os olhos e fez enxergar foi a fração do pão, o gesto comunitário da partilha, a reza em comum, a celebração da Ceia. No momento em que eles reconhecem Jesus, Jesus desaparece. Às vezes, o povo pergunta: *"Jesus desapareceu. Foi para onde?"* A melhor resposta é esta: *"Ele foi para dentro deles, pois eles mesmos ressuscitaram"*. Ressuscitados, os discípulos são capazes de caminhar com seus próprios pés.

O *terceiro ponto* é este: saber criar um ambiente de fé e de fraternidade, de celebração e de partilha, onde possa atuar o Espírito Santo. É ele que nos faz descobrir e experimentar a Palavra de Deus na vida e nos leva a entender o sentido das palavras de Jesus (Jo 14,26; 16,13).

4º ponto: *Ressuscitar e voltar para Jerusalém* (Lc 24,33-35)

Os dois criam coragem e voltam para Jerusalém, onde continuavam ativas as mesmas forças de morte que tinham matado Jesus. Mas agora tudo mudou. Coragem, em vez de medo! Retorno, em vez de fuga! Fé, em vez de descrença! Esperança, em vez de desespero! Consciência crítica, em vez de fatalismo frente ao poder! Liberdade, em vez de opressão! Em uma palavra: vida, em vez de morte! Em vez da má notícia da morte de Jesus, a Boa Notícia de sua Ressurreição! Os dois experimentam a vida, e vida em abundância! (Jo 10,10). Sinal do Espírito de Jesus atuando neles!

O *quarto ponto* é este: Criar coragem, alegria e partilha. Superar o medo pela certeza de que Jesus ressuscitado está no meio de nós. Irradiar alegria pelo reencontro com Jesus, o mesmo Jesus de sempre que viveu com eles, morreu, ressuscitou e agora está no meio deles. Partilhar entre nós a fé na ressurreição e, assim, animar-nos mutuamente.

Resumindo o método de Jesus: A primeira atitude de Jesus: aproximar-se das pessoas, caminhar junto, escutar a conversa. Jesus faz perguntas, pois quer saber o que elas estão falando (Lc 24,15-19). Ele só começa a usar a Bíblia depois que elas conseguiram expressar o problema que as fazia sofrer. Jesus usa a Bíblia não para dar uma aula sobre a Bíblia, mas para iluminar o problema que as fazia sofrer (Lc 24,25-27). A Bíblia, ela sozinha, não abriu os olhos dos dois discípulos. A Bíblia, isto sim, faz arder o coração (Lc 24,32). O que abriu os olhos e os fez enxergar foi o gesto da hospitalidade, de sentarem juntos à mesa para rezar e partilhar o pão. Aí os olhos se abriram e eles mesmos ressuscitaram (Lc 24,28-31). Imediatamente, eles levantaram e voltaram para Jerusalém (Lc 24,32-35).

7

Missão de Jesus: revelar a ternura do Pai: Abba, Papai

O que chama a atenção na leitura dos evangelhos é a bondade, a ternura e a simplicidade que Jesus acolhe as pessoas, sobretudo as marginalizadas: pobres, mulheres, estrangeiros, samaritanos, leprosos, prostitutas, publicanos, crianças. Em tudo que Jesus vive e anuncia transparecem os traços do rosto de Deus como Pai: Abba, Papai. No Antigo Testamento, a palavra *Pai* para Deus ocorre apenas 15 vezes. No Novo Testamento, 245 vezes! A origem dessa grande diferença é a novidade da experiência que Jesus irradiava de Deus como Pai. Eis alguns episódios dessa ternura de Jesus.

1. Olhando nas entrelinhas, percebemos a ternura com que Jesus acolhia as pessoas: o velho Zaqueu (Lc 19,1-10), as mães com crianças (Mt 19,13-14), o leproso que grita à beira da estrada (Mt 8,2; Mc 1,40-41), o paralítico de 38 anos (Jo 5,5-9), o cego de nascimento na praça do templo (Jo 9,1-13), a mulher curvada na sinagoga (Lc 13,10-13), a viúva de Naim (Lc 7,11-17), as crianças em todo canto (Mt 21,15-16) e tantas e tantas outras pessoas.

2. Sim, a ternura de Jesus se manifesta sobretudo em seu jeito de relacionar-se com as crianças e os jovens. São muitas as crianças e os jovens que ele acolhe: a filha do Jairo de 12 anos (Mc 5,41-42), a filha da Cananeia (Mc 7,29-30), o filho da viúva de Naim (Lc 7,14-15), o menino epilético (Mc 9,25-26), o filho do Centurião (Lc 7,9-10), o filho do funcionário público (Jo 4,50), o menino dos cinco pães e dois peixes (Jo 6,9). Jesus diz que adulto deve tornar-se como criança para poder entrar no Reino (Lc 9,46-48). Ele mesmo se identifica com os pequenos: quem recebe uma criança é a Jesus que recebe (Mc 9,37; Mt 25,40). Defende o direito da criança de gritar (Mt 21,16). Reconhece

que os pequenos entendem melhor o Reino que os doutores! (Mt 11,25-26). Ele acolhe as mães com as crianças, toca nelas e as abraça. Tocar nelas significava contrair impureza! Jesus não se incomoda (Mc 10,13-16; Mt 19,13-15). Ele anuncia castigo severo para quem escandaliza as crianças (Lc 17,1-2; Mt 18,5-7).

3. Diferentemente dos mestres da Lei, Jesus chama não só homens, mas também chama mulheres para segui-lo. Lucas dá os nomes de algumas: "*Os Doze iam com ele, e também algumas mulheres que haviam sido curadas de espíritos maus e doenças: Maria, chamada Madalena, da qual haviam saído sete demônios; Joana, mulher de Cuza, alto funcionário de Herodes; Susana, e várias outras mulheres, que ajudavam a Jesus e aos discípulos com os bens que possuíam*" (Lc 8,1-8). Marcos diz que elas *seguiam* Jesus, *serviam* a ele com seus bens e *subiam* com ele até Jerusalém (Mc 15,40-41). Os três verbos que definem o discipulado: **S**eguir, **S**ervir, **S**ubir.

4. Vale a pena lembrar o relacionamento de Jesus com algumas mulheres: com a Cananeia (Mt 15,21-28); com a Samaritana (Jo 4,7-30); com a

mulher adúltera (Jo 8,1-11); com a moça do perfume (Lc 7,36-50); com a mulher que perdia sangue (Mc 5,25-34); com a filha de Jairo (Mc 5,35-43); com a mulher que ungiu Jesus em vista de seu enterro (Mc 14,6-9); com Maria Madalena (Jo 8,2; 20,16-18; Mc 15,40-41; Mc 16,9).

5. Vale a pena lembrar também a presença da mãe Maria na vida de Jesus, desde o nascimento até a morte na cruz (Jo 19,25-27). Presença amiga e constante. Ela não entendia tudo que Jesus dizia (Lc 1,29; 2,50), mas ruminava os fatos e as palavras dele até descobrir seu significado (Lc 2,19.51). Nas bodas de Caná, foi ela, Maria, que percebeu a falta de vinho e procurou ajudar o casal a resolver o problema (Jo 2,1-12). Na hora da morte de Jesus, ela estava ao pé da cruz. Não abandonou o filho e o acompanhou até o fim. Essa mesma atenção aos problemas das pessoas, Jesus a herdou de sua mãe e a colocou em prática. Aprendeu com ela a servir e não a ser servido (Mc 10,45).

Todas essas atitudes de Jesus para com as mulheres, as crianças, os discípulos e as discípulas e todas as pessoas que entravam em contato com ele são uma expressão de sua preocupação em irradiar para os outros algo da experiência de Deus que o animava por dentro, do Deus ternura, Deus Pai e Mãe, Deus bondade. Assim ia se quebrando na cabeça do povo a imagem patriarcal de um Deus severo e distante.

É sobretudo na parábola do "Filho Pródigo" (Lc 15,11-32) que Jesus revela a Boa Nova do Deus Ternura. É a parábola do Pai com seus dois filhos. O filho mais novo, filho devasso e grande pecador, volta arrependido para a casa do pai. Ele não recebe nenhum castigo, nem sequer um puxão de orelha, mas é acolhido com um carinho inacreditável e muita festa. O filho mais velho, filho que se dizia fiel e observante da lei, este sim recebe uma crítica do Pai. Mas o pai sai de casa para os dois. Ele quer que os dois sejam irmãos um do outro, revelando assim que Deus é nosso Pai, Abba, Papai.

O máximo de ternura Jesus revelou quando estava sendo pregado na cruz. Ele rezou pelo rapaz que lhe atravessava as mãos e os pés com os pregos (Lc 23,34). Olhando aquele soldado ignorante e bruto, Jesus teve dó e rezou por ele e por todos nós: "Pai, perdoa!" E ainda arrumou uma desculpa: "Eles não sabem o que estão fazendo!"

Jesus se fez solidário com aqueles que o torturavam e maltratavam. Era como o irmão que vem com seus irmãos assassinos diante do juiz e ele, vítima dos próprios irmãos, diz ao juiz: "São meus irmãos, sabe, são uns ignorantes. Perdoa. Eles vão melhorar!"

8

Ministros da Palavra nas primeiras comunidades cristãs

Maria
A Mãe de Jesus

Maria disse ao anjo: *"Eis aqui a serva do Senhor. Faça-se em mim segundo a tua palavra"* (Lc 1,38). E a Palavra de Deus se fez carne e começou a morar entre nós. Maria foi a primeira ministra da Palavra. Ela abriu a porta e sua resposta ao anjo fez nascer entre nós o Ministério da Palavra. A bíblia fala pouco de Maria.

Apenas sete livros do NT a mencionam: Gálatas (Gl 4,4), Marcos (Mc 3,20-21.31-35), Mateus (Mt 1,1-2,23), Lucas (Lc 1,1-2,52; 11,27-28), Atos dos Apóstolos (At 1,12-14), João (Jo 2,1-13; 19,25-27) e o Apocalipse (Ap 12,1-17). Maria, ela mesma, fala menos ainda. Desses sete livros só dois trazem alguma palavra de Maria: o evangelho de Lucas e o evangelho de João. Os dois relatam apenas sete palavras. Cada uma dessas sete palavras é uma pequena janela que nos faz ver como ela se relacionava com Deus. Eis as sete palavras de Maria: 1ª Palavra: *"Como pode ser isso se eu não conheço homem algum!"* (Lc 1,34). 2ª Palavra: *"Eis aqui a serva do Senhor, faça-se em mim segundo a tua palavra!"* (Lc 1,38). 3ª Palavra: o cântico *"Minha alma louva o Senhor, exulta meu espírito em Deus!"* (Lc 1,46). 4ª Palavra: *"Meu filho, por que fez isso? Teu pai e eu, aflitos, te procurávamos"* (Lc 2,48). 5ª Palavra: *"Eles não têm mais vinho!"* (Jo 2,3). 6ª Palavra: *"Fazei tudo o que ele vos disser!"* (Jo 2,5). 7ª Palavra: *o silêncio ao pé da Cruz, mais eloquente que mil palavras!* (Jo 19,25s).

Os pastores

Pessoas sem nome, preferidas por Deus

A vida é cheia de contrastes e de surpresas. As coisas nem sempre acontecem como imaginamos e esperamos. Deus nem sempre age como gostaríamos. Esperamos uma manifestação poderosa de Deus Salvador e Rei do mundo inteiro, e encontramos um neném chorando em uma estrebaria de animais. Foi o que aconteceu com os pastores. Um anjo apareceu e disse: *"Não tenham medo! Eu anuncio para vocês a Boa Notícia, que será uma grande alegria para todo o povo: hoje, na cidade de Davi, nasceu para vocês um Salvador, que é o Messias, o Senhor. Isso lhes servirá de sinal: vocês encontrarão um recém-nascido, envolto em faixas e deitado na manjedoura"* (Lc 2,10-12). Os pastores foram para ver *"o Salvador, o Messias, o Senhor"*, e encontraram um neném recém-nascido, deitado em uma manjedoura" (Lc 2,16). Eles viram e acreditaram. *"Voltaram, glorificando e louvando a Deus por tudo o que haviam visto e ouvido, conforme o anjo lhes tinha anunciado"* (Lc 2,20). Eles acreditaram e se tornaram ministros da Palavras. Foram anunciando aos outros a Boa Nova do nascimento de Jesus. É provável que a própria mãe de Jesus contou tudo isso para Lucas, que o anotou para nós em seu evangelho, pois ela *"conservava todos esses fatos, e meditava sobre eles em seu coração"* (Lc 2,19).

Maria Madalena

Apóstola dos apóstolos

Todos os evangelhos são unânimes em dizer: Jesus apareceu primeiro a Maria Madalena (Mc 16,1; Mt 28,1; Lc 24,10; Jo 20,11-18) e mandou que ela levasse a boa notícia aos apóstolos (Jo 20,18; cf. Mt 28,7.10; Mc 16,7.10; Lc 24,10;). Assim, por ordem de Jesus, ela tornou-se Ministra da Palavra. Por isso, às vezes, ela é chamada "apóstola dos apóstolos", pois levou a Boa Nova da ressurreição para os apóstolos. Maria Madalena era uma moça da cidade de Magdala, perto do lago da Galileia. Por isso era chamada Maria Ma(g)dalena. A Bíblia diz que "dela haviam saído sete demônios" (cf. Lc 8,2; Mc 16,9). Ela tornou-se discípula de Jesus e liderava as mulheres da Galileia, que seguiam Jesus e *"ajudavam a ele e aos discípulos com os bens que possuíam"* (Lc 8,3; Mc 15,40-41). Ela é testemunha da crucificação, "olhando de longe" (Mc 15,40). Assistiu ao enterro de Jesus (Mc 15,47). E, com Maria Salomé e Maria mãe de Tiago, ela foi testemunha da ressurreição. Bem cedo, de manhã, as três foram ao sepulcro para o último serviço dos ritos fúnebres. Tinham comprado resinas e perfumes para embalsamar o corpo de Jesus (Mc 16,1). Mas, quando lá chegaram, encontraram o túmulo aberto e vazio (Mc 16,5). Um "jovem vestido de branco" (Mc 16,5) mostrou o sepulcro vazio e mandou que levassem a notícia da ressurreição aos demais discípulos. Por ordem do anjo, tornaram-se Ministras da Palavra. Saber crer no amor, apesar de nossas deficiências, é a mensagem que Madalena nos transmite.

A Mulher Cananeia

Estrangeira de outra raça e de outra religião

Devemos muito a esta mulher. Não sabemos o nome dela. Sabemos apenas que ela era de

Canaã, mulher estrangeira, e que tinha uma filha doente em casa. O desejo de ver curada sua filha levou-a a um gesto corajoso que acabou beneficiando a todos nós. Quando soube que Jesus estava na região de Tiro e Sidônia, ela foi atrás dele pedindo a cura para a filha. Mas Jesus não lhe dava atenção. Interpelado pelos discípulos, ele disse: *"Eu fui enviado somente para as ovelhas perdidas do povo de Israel"* (Mt 15,24). É como se dissesse: "O Pai não quer!" Mas esse argumento não convenceu a mãe, cuja filha estava doente: ou agora, ou nunca! E ela continuou insistindo: "Ajuda-me!" Jesus disse: *"Não está certo tirar o pão dos filhos e jogá-lo para os cachorrinhos"* (Mt 15,26). Ela respondeu: *"Sim, Senhor, é verdade, mas também os cachorrinhos comem as migalhas que caem da mesa de seus donos"* (Mt 15,27). É como se dissesse: "Se sou cachorrinho, tenho o direito dos cachorrinhos. As migalhas são minhas. E há muitas migalhas, pois sobraram doze cestos" (Mt 14,20). Jesus respondeu: *"Grande é tua fé. Vai, tua filha está boa!"* (Mt15,28). Uma mulher desconhecida, de outra raça e de outra religião, fez com que Jesus entendesse melhor todo o alcance de sua missão como Messias. Na conversa com essa mulher Jesus descobriu que sua missão não era só para as ovelhas perdidas de Israel, mas também para os pagãos, para toda a humanidade, também para nós. O amor da mãe pela filha doente fez Jesus mudar de ideia e abrir a porta para todos entrarmos no Reino de Deus (Mt 15,21-28).

Pedro

Apóstolo de Jesus, ministro da palavra

No primeiro encontro que teve com Jesus, Pedro estava pescando e Jesus o chamou: *"Segue-me e vou fazer de você pescador de homens"*. Pedro largou tudo e seguiu Jesus (Mc 1,16-17). Nos três anos de formação como "pescador de homens", como Ministro da Palavra, Pedro foi testemunha dos milagres e das pregações de Jesus. Com André e João, foi testemunha da transfiguração (Mc 9,2-3), da ressurreição da filha de Jairo (Mc 5,37-42) e da angústia de Jesus no Horto (Mc 14,33). Pedro aparece em primeiro plano no lava-

-pés (Jo 13,6-11), no pagamento do imposto do templo (Mt 17,17). Ele é chamado para ser pedra fundamental da Igreja: *"Você é Pedra e sobre esta pedra edificarei a minha Igreja"* (Mt 16,18), mas também foi pedra de tropeço. Ele achava que Jesus não devia sofrer (Mt 16,22). Jesus respondeu: *"Afasta-te de mim, Satanás. Você é pedra de tropeço para mim"* (Mt 16,23). Pedro mostrava grande coragem, mas na hora-H voltava atrás. Na hora de andar sobre as águas, quase se afogou (Mt 14,28-30). No horto das oliveiras dizia a Jesus: "Nunca te negarei!" (Mt 26,33-34), mas pouco depois negou Jesus três vezes (Mt 26,69-75). Jesus disse a Pedro: *"Eu rezei por você, para que não desfaleça sua fé. E você, uma vez confirmado, confirme seus irmãos."* (Lc 22,32). Pedro tornou-se Ministro da Palavra com a missão de confirmar seus irmãos na fé. Pedro está firme não por causa dele mesmo, mas por causa da oração de Jesus.

Barnabé

Animador atuante nas primeiras comunidades

Barnabé foi um ministro muito atuante da Palavra na Igreja de Jerusalém. Ele foi um dos primeiros que se converteu e entrou na comunidade cristã. Só no livro dos Atos dos Apóstolos o nome dele aparece 37 vezes. Ele era tio de João Marcos, o evangelista (Cl 4,10), e parente de Maria, a mãe de João Marcos, que colocava o salão de sua casa à disposição de Jesus (cf. At 12,12). Barnabé chegou a vender um campo que possuía, e colocou o dinheiro da venda nas mãos dos apóstolos (At 4,36-37). Barnabé ajudou Paulo quando este, depois de sua conversão, teve dificuldade em ser acolhido, pois tinha sido perseguidor da Igreja. Foi Barnabé que o acolheu e o apresentou aos apóstolos (At 9,27). Mais tarde, a pedido dos apóstolos, Barnabé foi visitar a comunidade de Antioquia, onde, pela primeira vez, os pagãos tinham sido acolhidos na comunidade (At 11,22). Barnabé foi, viu e gostou. Ele chamou Paulo, que estava em Tarso, e os dois trabalharam mais de um ano em Antioquia (At 11,22-26). Foi Barnabé, juntamente com Paulo, que fizeram a primeira grande viagem missionária (At 13,1-14). Os dois deram uma contribuição muito positiva no primeiro concílio de Jerusalém a favor da entrada de pagãos na comunidade (At 15,1-2.12). Quando, depois do Concílio de Jerusalém, Paulo convidou Barnabé para visitar as comunidades, Barnabé disse que ia levar consigo Marcos, seu sobrinho. Paulo recusou, pois Marcos os tinha abandonado na primeira viagem (At 13,13; 15,38). Deu briga entre Paulo e Barnabé. Barnabé foi com Marcos para Chipre, e Paulo com Silas para as outras comunidades (At 15,36-40). Mais tarde, houve reconciliação entre Paulo e Marcos (cf. 1Tm 4,11).

Os sete diáconos

Os primeiros ministros da palavra

Os diáconos são as primeiras sete pessoas que foram chamadas para ser Ministras da Palavra: *"Os de origem grega diziam que suas viúvas eram deixadas de lado no atendimento diário.*

Então os Doze convocaram uma assembleia geral dos discípulos, e disseram: "Não está certo que nós deixemos a pregação da palavra de Deus para servir às mesas. Irmãos, é melhor que escolham entre vocês sete homens de boa fama, repletos do Espírito e de sabedoria, e nós os encarregaremos dessa tarefa. Desse modo, nós poderemos dedicar-nos inteiramente à oração e ao serviço da Palavra" (At 6,1-4). O critério da escolha era este: deviam ser pessoas *"de boa fama, repletos do Espírito e de sabedoria"* (At 6,3). Os nomes dos primeiros sete Ministros da Palavra são: *"Estêvão, homem cheio de fé e do Espírito Santo; Filipe, Prócuro, Nicanor, Tímon, Pármenas e Nicolau de Antioquia"* (At 6,5). Os diáconos foram escolhidos para servir à mesa (At 6,2-6). Mas o que a Bíblia mais informa a respeito das atividades dos sete diáconos não é o serviço às mesas, para o qual foram escolhidos e aprovados por Pedro e pela comunidade (At 6,3), mas sim a atividade deles como anunciadores, Ministros da Palavra de Deus.

Estêvão

Diácono, ministro da palavra

Estevão é o primeiro dos sete diáconos: *"homem cheio de fé e do Espírito Santo"* (At 6,5). Ele foi escolhido pela comunidade para servir às mesas, mas o que ele mais fez foi anunciar a Palavra de Deus, foi ser Ministro da Palavra. Ele teve uma atuação importante no início da Igreja. Conhecia bem a história de seu povo narrada na Bíblia (cf. At 7,2-50) e sabia argumentar com os judeus, que não queriam aceitar Jesus como messias anunciado pelos profetas. Os judeus discutiam com ele, *"mas não conseguiam resistir à sabedoria e ao Espírito com que Estevão falava"* (At 6,10). Eles até arrumaram falsas testemunhas dizendo que Estevão era contra o Templo e contra Lei de Deus (At 6,11-14). Mas não adiantou nada. Em sua longa defesa (At 7,1-53), Estevão usava a Bíblia para mostrar como, desde o início da história do povo de Deus, o povo já reclamava contra Moisés e não observava bem a Lei de Deus (At 7,51-53). Nesse momento, os judeus ficaram enfurecidos e rangeram os dentes contra Estêvão (At 7,54).

Agarraram Estevão, arrastaram-no para fora da cidade para matá-lo a pedradas. Quase morto, Estevão disse: "*Estou vendo o céu aberto e o Filho do Homem, de pé, a direita de Deus*" (At 7,56). Como Jesus, pediu perdão pelos seus assassinos: "*Senhor, não os condenes por este pecado*" (At 7,60; Lc 23,34). E como Jesus, morreu rezando o salmo, que dizia: "*Senhor Jesus, recebe meu espírito*" (At 7,59; Lc 23,46;Sl 31,6). Saulo assistiu a tudo e aprovou a morte de Estevão (At 8,1). Era o futuro apóstolo Paulo (At 22,20).

Filipe

Diácono, ministro da palavra e evangelista

Filipe, um dos sete diáconos, foi escolhido pela comunidade para ajudar no serviço às mesas (At 6,1-4). Mas, como Estêvão, o que ele mais fez foi anunciar a Palavra de Deus. Felipe era um missionário muito ativo, um verdadeiro Ministro da Palavra. Ele sabia anunciar e irradiar a Boa Nova de Jesus a ponto de receber o título de *evangelista* (At 21,8). Anunciou a Boa Nova em Samaria e converteu o mago Simão (At 8,5-13); converteu o ministro de Candace, rainha da Etiópia na África, (At 8,26-39); andou anunciando a Boa Nova nas redondezas da cidade de Cesareia no litoral, onde ele morava (At 8,40); tinha quatro filhas solteiras que profetizavam (At 21,9). Filipe abriu sua casa para hospedar o apóstolo Paulo e seus sete companheiros (cf. At 21,8; 20,4) que passaram vários dias na casa dele no fim da última viagem missionária de Paulo. Naquela ocasião, foi na casa de Filipe que chegou o profeta Ágabo para dizer que Paulo ia ser preso em Jerusalém (At 21,10-11). Como este Filipe das primeiras comunidades cristãs, há muitos ministros e muitas ministras da Palavra que hoje anunciam e irradiam a Palavra de Deus em nossas comunidades.

Paulo

Apóstolo de Jesus Cristo, ministro da palavra

Paulo nasceu em Tarso, na Cilícia, (At 22,3). Ele era da tribo de Benjamim (Rm 11,1). Na vivência da fé, Paulo era fariseu e, como ele mesmo diz, "dos mais rigorosos" (At 26,5). Estudou em Jerusalém com o doutor Gamaliel (At 22,3). Seu primeiro contato com a Boa Nova de Jesus foi aos 28 anos de idade, e foi de oposição radical (At 26,9-11). Ele chegou a perseguir os cristãos e aprovou a morte de Estevão (At 8,1; 22,4; Gl 1.13-14). Mas a graça foi mais forte (At 9,3-19). Depois da conversão, durante treze anos, dos 28 aos 41 anos de idade, ele passou um tempo na Arábia e em Tarso, na terra dele, deixando amadurecer a mudança radical que nele se operou (Gl 1,17-24; At 9,26-30). Barnabé foi buscá-lo lá em Tarso, e os dois trabalharam juntos durante um ano e meio na comunidade de Antioquia (At 11,25-26). Dos 41 a 53 anos de idade, Paulo foi o missionário itinerante. Andou pela Palestina, Síria, Ásia Menor, Macedônia, Grécia. Chegou a ir até Roma. Ele mesmo descreve o que viveu: *"Fui flagelado três vezes; uma vez fui apedrejado; três vezes naufraguei; passei um dia e uma noite em alto mar. Fiz muitas viagens. Sofri perigos nos rios, perigos por parte dos ladrões, perigos por parte de meus irmãos de raça, perigos por parte dos pagãos, perigos na cidade, perigos no deserto, perigos no mar, perigos por parte dos falsos irmãos. Mais ainda: morto de cansaço, muitas noites sem dormir, fome e sede, muitos jejuns, com frio e sem agasalho. E isso para não contar o resto: minha preocupação cotidiana, a atenção que tenho por todas as igrejas"*. (2Cor 11,25-28). Aos 53 anos de idade, foi preso: dois anos em Cesareia (At 23,23-24) e mais dois em Roma (At 28,30-31). Ele foi solto, mas pouco sabemos do resto da vida dele. Na segunda carta a Timóteo, novamente preso em Roma, já perto da morte, Paulo descreve como encarava o fim de sua vida: "*Quanto a mim, meu sangue está para ser derramado em libação, e chegou o tempo de minha partida. Combati o bom combate, terminei a minha corrida, conservei a fé. Agora só me resta a coroa da justiça que o Senhor, justo Juiz, me entregará naquele Dia; e não somente para mim, mas para todos os que tiverem esperado com amor sua manifestação*" (2Tm 4,6-8).

Lídia

A primeira animadora das comunidades cristãs na Europa

Lídia era a coordenadora da comunidade na cidade de Filipos, a primeira cidade na Europa onde foi anunciada a Boa Nova. Foi quando Paulo por lá chegou em sua segunda viagem missionária (At 16,12). Ele procurou uma sinagoga e não a encontrou. Mas encontrou um grupo de mulheres que costumavam rezar aos sábados perto do rio, fora da cidade (At 16,13). Lídia era uma delas. Deus abriu o coração dela e ela aderiu à mensagem do Evangelho (At 16,14-15). Foi na casa da Lídia que começaram as reuniões da nova comunidade (At 16,40). Assim, a primeira pessoa a coordenar uma comunidade cristã na Europa foi uma mulher, e não um homem. A comunidade de Filipos ficou na memória de Paulo como comunidade acolhedora. Na carta que ele escreveu para aquela comunidade, ele a chama *"minha alegria e coroa"* (Fl 4,1). Era a única comunidade da qual Paulo aceitava alguma ajuda para poder sobreviver (Fl 4,15). Durante sua estadia em Filipos, Paulo curou *"uma moça es-*

crava que tinha um espírito de adivinhação" e que dava muito lucro a seu patrão. (At 16,16). Por ter perdido a fonte de seu lucro, o patrão da moça mandou prender Paulo e Silas e fez com que os dois fossem presos, hostilizados e flagelados (At 16,19-24). Paulo apelou para sua condição de "cidadão romano" e foi solto (At 16,37). Depois de soltos, Paulo e Silas foram para a casa de dona Lídia, onde se encontraram com os irmãos. Em seguida, continuaram a viagem missionária para Tessalônica (At 16,40).

Febe

Diaconisa da Igreja de Cencreia, ministra da palavra

Paulo escreve na carta aos romanos: *"Recomendo a vocês nossa irmã Febe, diaconisa da igreja de Cencreia. Recebam-na no Senhor, como convém a cristãos. Deem a ela toda a ajuda que precisar, pois ela tem ajudado muita gente e a mim também"* (Rm 16,1-2). Nessas palavras de Paulo ficamos sabendo que Febe era diaconisa da igreja de Cencreia, um dos portos da cidade de Corinto. Visto que Paulo recomenda Febe às comunidades de Roma, é provável que Febe tenha deixado Cencreia para ir trabalhar na pastoral como diaconisa na cidade de Roma. Febe foi uma liderança importante na comunidade de Corinto, pois como escreve Paulo, *pois ela tem ajudado muita gente e a mim também.* Não sabemos como Febe ajudou a Paulo. O livro dos Atos dos Apóstolos informa que Paulo, em sua segunda viagem missionária, deixou Atenas e foi para Corinto (At 18,1). Ele mesmo diz na carta aos Coríntios que chegou por lá meio desanimado: *"Estive no meio de vocês cheio de fraqueza, receio e tremor; minha palavra e minha pregação não tinham brilho nem artifícios para seduzir os ouvintes"* (1Cor 2,3-4). Paulo ficou um ano e meio em Corinto (At 18,11). No fim da permanência em Corinto, passou em Cencreia (At 18,18), esperando poder embarcar de volta para Antioquia, onde faria o relatório de sua viagem missionária. Foi neste período que surgiu a comunidade cristã em Cencreia, entregue aos cuidados de Febe. Tempos depois, em sua terceira viagem missionária, estando novamente em Corinto, Paulo escreve por lá a carta aos romanos.

É provável que ele tenha entregue essa carta nas mãos de Febe, para que ela a entregasse nas comunidades de Roma.

Lóide, Eunice e Timóteo

Uma família animadora, ministra da palavra

Não sabemos se Eunice e Lóide eram ministras da palavra na comunidade. Uma coisa é certa: elas foram as ministras da palavra na vida de Timóteo. Eis o que Paulo escreve para Timóteo a respeito dessas duas mulheres: *"Lembro-me da fé sincera que há em você, a mesma que havia antes em sua avó Lóide, depois em sua mãe Eunice e que, agora, estou convencido, também há em você"* (2Tm 1,5). E um pouquinho mais adiante na mesma carta, Paulo mostra como Eunice e Lóide faziam para transmitir esta "fé sincera" para o filho e o neto. Era sobretudo por meio da meditação e da prática da Palavra de Deus. Paulo escreve: *"Quanto a você (Timóteo), permaneça firme naquilo que aprendeu e aceitou como certo; você sabe de quem o aprendeu. Desde a infância você conhece as Sa-*

gradas Escrituras; elas têm o poder de lhe comunicar a sabedoria que conduz à salvação pela fé em Jesus Cristo. Toda Escritura é inspirada por Deus e é útil para ensinar, para refutar, para corrigir, para educar na justiça, a fim de que o homem de Deus seja perfeito, preparado para toda boa obra" (2Tm 3,14-17). Essas duas afirmações de Paulo a respeito da Eunice e da Lóide, mãe e avó de Timóteo, falam por si e mostram como era a convivência nas comunidades e como se transmitia a fé nas famílias. Assim deve ter sido a catequese familiar na casa de Maria e José com Jesus e de tantas outras famílias: de Paulo, de Lucas, de Mateus, de Marcos, de Pedro, de Joana, de Suzana, de Salomé, de Madalena e de muitos outros, tanto ontem como hoje.

Aquila e Priscila

Casal que animava as comunidades de base

Áquila e Priscila eram um casal bem atuante nas primeiras comunidades cristãs. Eram ministros da palavra que sabiam levar a Boa-Nova para os irmãos e as irmãs da comunidade. Paulo diz na carta aos Romanos: *"Saudações a Prisca e Áquila, meus colaboradores em Jesus Cristo, que arriscaram a própria cabeça para salvar minha vida. A eles não somente eu sou grato, mas também todas as igrejas dos pagãos"* (Rm 16,3-4). A casa de Áquila e Priscila era acolhedora e, por onde os dois passavam, sua casa se tornava a casa da comunidade, na qual os cristãos se reuniam para suas celebrações e encontros, tanto em Corinto (At 18,1-3), como em Éfeso (At 18,24-26) e, mais tarde, de volta a Roma (Rm 16,3-4). Hoje, em nossas comunidades, há muitos casais que, como Áquila e Priscila, abrem sua casa para a comunidade. Áquila e Priscila moravam em Roma, de onde tiveram que sair em 54, quando o imperador Cláudio expulsou todos os judeus de Roma (At 18,1-2). Depois de Roma, eles foram morar em Corinto, onde Paulo se hospedou na casa deles na 2ª viagem missionária (At 18,1-3). Paulo diz que chegou por lá desanimado: *"Estive no meio de vocês cheio de fraqueza, receio e tremor; minha palavra e minha pregação não tinham brilho nem artifícios para seduzir os ouvintes"* (1Cor 2,3-4). Estando por lá ele se reanimou (At 18,1-6). Áquila e Priscila viajaram com Paulo até Éfeso (At 18,18-19). Paulo seguiu viagem para Jerusalém. O casal continuou em Éfeso, bem atuante, ajudando o missionário Apolo a se firmar melhor na doutrina (At 18,26). Testemunho bonito desse casal que ajudava os outros a serem bons ministros da Palavra.

Andrônico e Júnia

Casal amigo, bem atuante na comunidade de Roma

Como Áquila e Priscila, Andrônico e Júnia eram um casal muito atuante na comunidade de Roma. Eram amigos de Paulo. É bonita a frase com que Paulo define sua amizade com os dois: *"Saúdem Andrônico e Júnia, meus parentes e companheiros de prisão; eles são apóstolos importantes e se converteram a Cristo antes de mim"* (Rm 16,7). Amizade é como o vinho: *"Vinho novo, amigo novo; é quando envelhece que o beberás com gosto"* (Eclo 9,10). A prova de fogo da amizade é estar com o amigo nas provações. Andrônico e Júnia eram *"companheiros de prisão"*. Estiveram com Paulo nas provações. Foi o que Jesus disse dos discípulos: *"Vocês estiveram comigo nas minhas provações!"* (Lc 22,28). No capítulo 16 da carta aos romanos, Paulo manda um abraço não só para Júnia e Andrônico, mas para mais de trinta pessoas. Uma comunidade, sustentada pela amizade mútua de seus membros, anima a todos! Por isso Paulo diz que a comunidade de Roma era conhecida e admirada nas outras comunidades por causa de sua fé (cf. Rm 1,8). Hoje há muitos casais amigos, muitos Andrônicos e Júnias, que são a alma das comunidades. Amizade é a força que sustenta a comunidade. Um detalhe significativo: Até o século XX, o nome de *Júnia* era sempre escrito como masculino *Júnio*. Achavam que uma mulher não podia ter o título de *apóstola*. O estudo dos manuscritos antigos mostrou o contrário. Júnia era e continua sendo uma *"apóstola importante"*.

Encerrando o assunto

1. A Espiritualidade de um Ministro da Palavra

Apesar de todo o sofrimento, o profeta Jeremias soube cumprir bem sua missão como ministro da palavra, desde o momento em que foi chamado aos 24 anos de idade até sua morte aos 67 anos[3]. Sua espiritualidade transparece nestas palavras e desabafos e nas palavras que Deus lhe dirige:

> "Ah, Senhor, eu não sei falar, porque sou jovem!" (Jr 1,6-8).
> "Como um cordeiro manso eu estava sendo levado para o matadouro" (Jr 11,19).
> "Senhor! Por que o caminho dos ímpios prospera e os traidores vivem todos em paz?" (Jr 12,1).

[3] Jeremias foi profeta em um dos períodos mais difíceis da história do povo de Deus. Ele começou sua missão aos 24 anos de idade, no 13º ano do reinado de Josias (626 a.C.), até sua morte aos 67 anos, no fim do governo de Godolias (582 a.C.) (Jr 1,1; 25,3). Ao todo, 43 anos de muita luta, dor e sofrimento.

"Tu, porém, Senhor, estás em nosso meio. Não nos abandones" (Jr 14,9)

"Ai de mim, minha mãe, que me puseste no mundo! Sou homem de brigas e discórdias com todo mundo. Ninguém me deve, e eu também não devo nada, e todos me amaldiçoam" (Jr 15,10).

"Por que será que minha dor não tem fim?" (Jr 15,18).

"Quando recebia tuas palavras, eu as devorava. Tua palavra era festa e alegria para meu coração" (Jr 15,16).

"Seduziste-me, Senhor, e eu me deixei seduzir. Foste mais forte do que eu e me venceste (Jr 20,7).

"Maldito o dia em que eu nasci! Que jamais seja bendito o dia em que minha mãe me deu à luz! (Jr 20,14).

"Por que saí do ventre materno? Só para ver tormentos e dores e terminar na vergonha meus dias?" (Jr 20,18).

"A palavra do Senhor ficou sendo para mim motivo de vergonha e de gozação o dia todo. E eu me dizia: 'Não vou mais pensar nele! Não vou mais falar em seu nome.' Mas era como se houvesse no meu coração um fogo ardente, fechado em meus ossos. Estou cansado de suportar, não aguento mais!" (Jr 20,8-9).

"Todos os meus amigos esperam que eu tropece: '*Quem sabe ele se deixe seduzir! Então o dominaremos e nos vingaremos dele'*. O Senhor, porém, está a meu lado como valente guerreiro" (Jr 20,10-11).

"Ninguém mais precisará ensinar seu próximo ou seu irmão, dizendo: 'Procure conhecer o Senhor'. Porque todos, grandes e pequenos, me conhecerão - oráculo do Senhor. Pois eu perdoo suas culpas e esqueço seus erros" (Jr 31,34).

"Assim diz o Senhor, aquele que estabelece o sol para iluminar o dia e ordena à lua e às estrelas para iluminarem a noite, aquele que agita o mar e as ondas rugem, aquele cujo nome é Senhor dos exércitos: Quando essas leis falharem diante de mim – oráculo do Senhor – então o povo de Israel também deixará de ser diante de mim uma nação para sempre" (Jr 31,35-36).

"Eu amei você com amor eterno, por isso conservo meu amor por você" (Jr 31,3).

2. A prece de paz de uma Ministra da Palavra

Meu coração não é ambicioso, Senhor.
Meus olhos não enxergam mais do que podem.
Não frequento a alta roda.
Não tenho pretensões grandiosas.
Dentro de mim, tudo se aquietou.
Paz e serenidade vieram para ficar.

Igual à criança, depois de mamar:
dorme tranquila no colo da mãe.

Minha gente,
que Deus nos ajude a esperar nele,
hoje e sempre.
(Salmo 131)

Este livro foi composto com as famílias tipográficas Bree e Segoe Ui e impresso em papel Offset 75g/m² pela **Gráfica Santuário**.